Grün/ Green
Ganz feiner, sehr kurz gemähter Rasen. Handle with care! Irgendwo ist dann auch das Loch (mit Flagge gekennzeichnet).
Ausgrenze/ Out-of-bounds
markiert durch weiße Pfähle. Wer hier hin spielt, muß den Schlag wiederholen und bekommt einen Strafschlag.
Sandbunker
Erschwert das Spiel und sollte deshalb gemieden werden.
Rough
(engl.= rauh), das ungemähte Gras rund ums Fairway.
Fairway, Spielbahn - hier liegt man gut auf dem Weg zum Loch. Gemähter Rasen.
Wasserhindernis
Rote Pfähle kennzeichnen ein seitliches und gelbe Pfähle ein frontales. Besitzt eine magische Anziehungskraft auf Golfbälle.
Loch 7
Par 4
HCP 12
410m
445m
Abschlag/Tee
Hier geht's los: Damen schlagen bei rot, die Herren bei gelb ab.
Der Golfplatz – Eine Welt für sich!
Hier gelten eigene Gesetze. Vom Abschlag bis zum Loch – ein langer Weg. Einige Dinge, die fast auf jedem Platz auftauchen, sind hier mal abgebildet.

Der Golfcomic

Band 1

GOLF ist das Wichtigste im Leben

Unsere Golf-Freunde:

Errol, der Pro (Professional) in unserer Geschichte. Hat im Club Halbgott-Status und wird von allen bewundert für seine professionelle Arbeit, seinen Rat, die coolen Sprüche, sein ... na, er ist eben der Pro.

Dr. Klaus Helgert, seit Jahren vom Golf-Virus infiziert. Hat ein etwas raues Mundwerk, ist aber ein netter Kerl, der nur nicht verstehen kann, daß es Menschen gibt, die seine Begeisterung nicht immer und überall teilen. Ach ja, Handicap „so um die 20", wenn man ihn fragt, in Turnieren (fast) nie erreicht.

Benny, der Youngster im Club und ein exzellenter Golfer. Manchmal nicht ganz sicher mit der Etikette, aber er arbeitet dran. Erroll, den Club, und Golf allgemein findet er cool und will später vielleicht mal Pro werden (oder Astronaut, oder Filmstar oder Präsident).

Reinhard Sticherling. Notar und Golfer. Liebt Golf, weil alles so schön strenge Regeln hat. Verbringt fast jede freie Minute auf dem Golfplatz und spielt, wen wundert's, meistens allein.

Die liebe Elke! Verwechselt den Golfplatz manchmal mit einem Kaffekränzchen, aber liebt die frische Luft, die lieben Leute, und – arbeitet hart an ihrem Spiel. Handicap?

Dies ist unser heiliger Ort. Er ist uns allen wohl bekannt. Es ist der Ort der Entspannung, der Ruhe und der Erfolge. Aber auch der Ort der bittersten Enttäuschungen... Der Golfclub!
Golfclub
Tee 1
Hier trifft man den Ball und lauter nette Leute...
... naja, und leider auch andere...
Na Sportsfreund, das war ja wohl nix! Ich weiß aber auch, woran das liegt!
Sie halten den Schläger völlig falsch! Den gleichen Fehler hab' ich auch mal gemacht. Sie müssen Ihren Griff umstellen.
Hat mir der Pro aus Valdirama erzählt - Kennen Sie vielleicht. Das ist **der** Luxusclub an der Algarve...
... wo ich übrigens gerade wieder im Urlaub gewesen bin. Hey, Moment - Wo wollen Sie denn hin?!
Oho, da ist ja unser Pro, der Errol - Na, der wird sich sicher freuen, mich wiederzusehen.

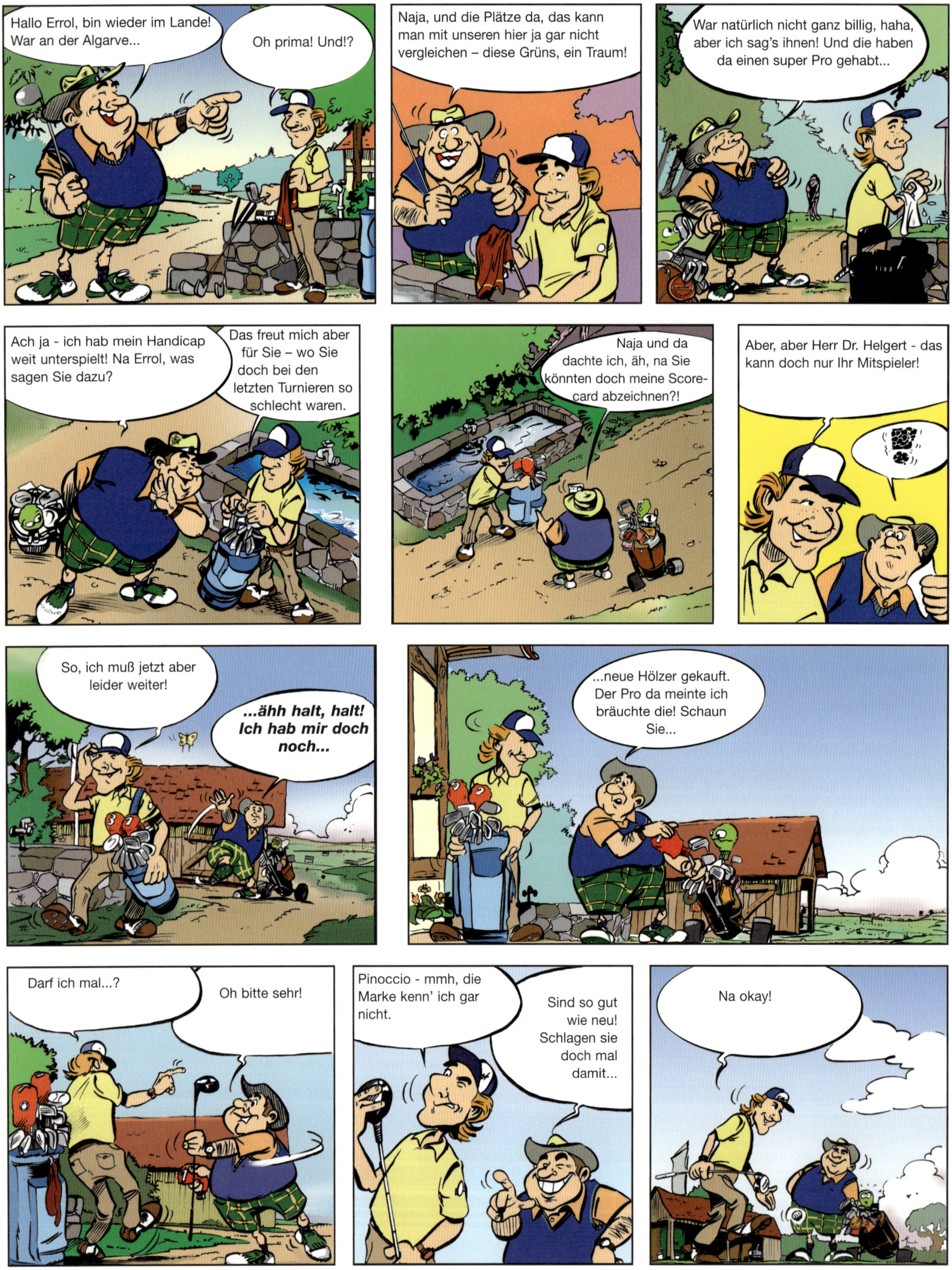

Hallo Errol, bin wieder im Lande! War an der Algarve...
Oh prima! Und!?
Naja, und die Plätze da, das kann man mit unseren hier ja gar nicht vergleichen – diese Grüns, ein Traum!
War natürlich nicht ganz billig, haha, aber ich sag's ihnen! Und die haben da einen super Pro gehabt...
Ach ja - ich hab mein Handicap weit unterspielt! Na Errol, was sagen Sie dazu?
Das freut mich aber für Sie – wo Sie doch bei den letzten Turnieren so schlecht waren.
Naja und da dachte ich, äh, na Sie könnten doch meine Score-card abzeichnen?!
Aber, aber Herr Dr. Helgert - das kann doch nur Ihr Mitspieler!
So, ich muß jetzt aber leider weiter!
...ähh halt, halt! Ich hab mir doch noch...
...neue Hölzer gekauft. Der Pro da meinte ich bräuchte die! Schaun Sie...
Darf ich mal...?
Oh bitte sehr!
Pinoccio - mmh, die Marke kenn' ich gar nicht.
Sind so gut wie neu! Schlagen sie doch mal damit...
Na okay!

* der sogenannte „Mulligan" bezeichnet die Möglichkeit, den ersten Schlag auf der Runde straffrei zu wiederholen. Eine offizielle Wertung kann dann aber nicht mehr erfolgen.

Ich spiele einen Titleist 1, und was spielen Sie, Ladies?
Ha, ich hab nen Titleist 2.
Das ist so ein Pinnacle mit so nem komischen Punkt
Hui war der lang!
Den hab ich gar nicht gesehen!
So und jetzt Sie, Elke!
Ach Errol,...
So weit möcht ich auch mal kommen...
Kommen Sie auch! Vielleicht sogar heute (noch).
Na na, jetzt trau'n Sie mir aber'n bisschen viel zu!
Elke, bitte keine Probeschwünge am Abschlag.
Bin ganz schön nervös wenn Sie zuschaun, Errol.
Biiiitte....
Wühl
Klon
Den hab ich gar nicht gesehen - Sie vielleicht, Errol!?!
-Hä?
Ja... leider (seufz)!
Ähm, leider liegen Sie im Rough!
Is ja auch besonders viel Rough hier..., heute, oder?
?

* Das Ausleihen eines Schlägers während der Runde ist verboten (2 Strafschläge).
** Innerhalb einer Schlägerlänge außerhalb des Hindernisses, nicht näher zum Loch (1 Strafschlag).

Tja, Elke - Sieht ja fast so aus als hätten Sie's diesmal geschafft.
Oho, Sie meinen, ich hab jetzt endlich die Platzreife - ich kanns gar nicht fassen!
Wenn ich das meinem Mann erzähle – der fällt ja glatt in Ohnmacht!
Herzlichen Glückwunsch! Ich kümmer mich gleich um Ihre Karte.
Wunder gibt es immer wieder, heute oder morgen können sie geschehn...
Hi Errol! Coole Mütze! Du, dürfen wir auf der 9 starten, vorne ist alles dicht!
Wir sind doch auch schnell! Außerdem ist hinten alles frei! Hey Danke, Erroll!
Hat einer was gegen 'nen Fünfer pro Loch!? Natürlich Skin!
Wenn Du unbedingt deine Kohle loswerden willst.
Longest Drive ne Cola-OK! Aber mit den Hölzern wirds schwer. Die würd ja nich mal mein Alter treffen, obwohl sie aus seinem Jahrhundert sind!
BAM
Gar nich übel, gar nich übel... **Aber feige!**
Par 4
Jetzt paßt mal auf Ihr Ballputzer, wie man hier richtig spielt... Rechts über den Baum, direkt aufs Green!

* Einzelspieler haben kein Platzrecht, d.h. kein Recht auf Überholen.

So gefällt mir das. Weit und breit keiner da, der einen stört oder aufhält.
Par 3
Mmm, war ja klar. Aber ich laß mich nicht aus der Ruhe bringen - Ich doch nicht.
Na bitte, wer sagt's denn! Das klappt doch schon viel besser!
PLIN
!
ZZZ
PLONG
KLAC
Ah-Jaah! Ein As! Ein As! Mein erstes As! Ein Hole in one!
Ein As! Ein Hole in one! Gesehen! Habt Ihr das gesehen?!?
Wie bitte was...? Sorry, ich bin hier gerade beschäftigt...
Also ich hab nix gesehen, Du vielleicht?
Ja klar, aber kein Hole in one, oder so was!
Aber...
... Ihr seid doch meine einzigen Zeugen für mein, Ihr müßt doch sagen, äh, mein Hole... sonst glaubt mir doch keiner mein Hole in...
...one

Später im Clubhaus
... und so freue ich mich wieder auf den Vergleichskampf unseres Clubs mit dem GLC Rabenhorst!
Wie es schon Tradition ist werden wir in allen Handicap-Klassen gegeneinander antreten! Das wird bestimmt ein großartiges Erlebnis für alle Spieler und Zuschauer...
Naja, auch wenn ich sagen muß, daß letztes Jahr einige Unklarheiten auftraten bezüglich der Scorecard ...
... von Dr. Helgert! Aber das ist jetzt vergessen.
Ich darf Ihnen nun den Spielführer von Rabenhorst vorstellen, Herrn Dreher!
Danke, danke, zu freundlich!
Liebe Golffreunde, im Namen unseres Clubs möchte ich Ihnen mitteilen, daß...
...wir uns freuen, Sie dieses Jahr als Gast auf unserem Platz begrüßen zu dürfen! Hoffentlich hilft uns dies Jahr der Heimvorteil, hehehe...
Auf einen spannenden und fairen Wettkampf...
Und um sowas wie letztes Jahr zu vermeiden, werde ich ...
... nicht nur mitkommen, sondern auf das Drängen vieler Spieler hin auch gegen den dortigen Pro antreten!
Vielleicht hebt das ja auch unsere Siegchancen, heheheh!

Hallo- es gibt da ein Problem- - Nein nicht jetzt, aber ich werd mich darum kümmern!
...ja ich weiß wie wichtig das ist, aber ich sagte doch, daß ich mich drum kümmere! Oder hab ich Sie schon jemals enttäuscht?! Wie...wieso immer? Na gut, aber diesmal klappts!
So und ich werde jetzt mal die Aufstellung der Spielerinnen und Spieler bekanntgeben, die dies Jahr für Ruhm und Ehre antreten!
Für die Damen Frau Dobberkau und Beate Radke, die Herren sind Klaus Helgert und Reinhard Sticherling, für die Jugend spielen natürlich Benny und Maxi. Und hoffentlich kommen noch Viele mit zum Anfeuern!
Scheint heute wohl mein Glückstag, hicks... zu sein. erst mein Ho.... l in one, und jetzt in der Mannschaft, hurra.
Mami, was ist den mit Herrn Sticheling, der ist doch in der Mannschaftsaufstellung dabei...?
...naja er glaubt, er hätte heute ein Hole in one gespielt. Aber frag ihn doch mal!
Äh, Herr Sticherling, haben Sie heute wirklich ein Hole in one gespielt? Warum freuen Sie sich denn dann nicht....?
Mama! Mamaaa!!!
In dieser Nacht ist alles ruhig. Alle träumen den Traum vom großen Sieg, mit 10 Schlägen zu unterspielen und dann im Clubhaus aufzutauchen und...naja.

Schließlich der Aufbruch nach Rabenhorst. Man trifft sich auf dem Parkplatz des eigenen Clubs um dann in Gruppen zu fahren.
P
Brrrr
Quuuiiii
BOARR
Sorry, hatte so'n SL vor mir, der kam nicht über 220 hinaus - Wär schon viel früher da gewesen!
Und das, wo es doch ab 250 erst anfängt, Spaß zu machen! Du Armer!
Also, ich hab 6 Motorradfahrer sauber versägt! Mein Tag ist gerettet! Jetzt freut sich mein Schlitten schon auf den Weg nach Rabenhorst!
Ihr solltet mal sehen, wie meiner nach seiner kleinen Leistungskur zieht. Wahnsinn!
Ja genau! **Lieber tot als langsam fahren, haha!** Hä?!?
Hallo meine Herren! Könnte mich einer von Ihnen vielleicht mitnehmen?
Mein Mann mußte nämlich noch zu einer Entbindung
Aber klar doch! Sehr gerne! Sie sind übrigens noch nie so schnell...
Vielen Dank! Ach ja, ich bin etwas **ängstlich**- Wer von Ihnen ist denn ein besonders **ruhiger Fahrer**?
Also das bin ich! Ja, ich! Gaaanz ruhig und vorsichtig! Sicherheit geht vor, hehe!
Nein ich! Man nennt mich den Bremser, die Schnecke! Echt wahr, oder Freunde?
Also mein Wagen fährt sowieso nur 100! Ist gedrosselt! Der Umwelt zuliebe - Sie wissen schon!

Sag mal, Reinhard – Sind wir hier überhaupt richtig?
Ich glaub, wir müssen da hinten rechts. Das hier auch keine Schilder stehen! Was sagt die Karte?
Endlich unterwegs...
Ich glaub eher links! Also, äh, hier im Plan steht gar nix drin!
Scheiß Kaff!
Etwas weiter vorn:
RABENHORST
Na endlich!
Hallo junger Freund! Willste mitfahrn?
Spring einfach hinten rein!
Na logan!
Har Har! Jesus is auch zu Fuß gegangen, Du Komiker! Har Har Har!
BROO
Kurz darauf
Du Klaus – Guck mal da vorn, der Flohsack da! Den können wir ja mal fragen.
Entschuldigung, wollen Sie nach Rabenhorst?
Hey, wie kommt Ihr denn **da** drauf?
!

Wir auch! Wie fahren wir denn da am besten...
Na mit mir!!! Gib Gummi Alter!
äh...
Immer geradeaus und Blick nach vorn, hehe!!! Hey, is das echtes Leder? Is ja lässig!
Ihr habt echt Glück – weil, normalerweise fahr ich ja nich in so Bonzenkisten mit, aber ok, weil Ihrs seid!
Äh, danke.
Fahrt Ihr auch zum großen Rock und Peace Festival nach Rabenhorst!?!
Äh, nein, eigentlich nicht. Wir wollten dort Golf spielen!
Ey nee! Golf?
Ihr seid Golfer oder was? Is nich war, ey! Wie uncool! Na typisch...
... die alten Säcke mit der fetten Kohle spielen Golf!
Wär ja nix für mich, viel zu langweilig!

Wißt ihr eigentlich, daß ihr mit euren Golfplätzen die ganze Natur zerstört! Hey die ganzen Blumen und Tiere,...
...unsere Brüder und Schwestern! Verbrannte Erde! Voll krass!
BRRRR
Aber ich wette, Euch ist das scheißegal! Ihr denkt mit Euer Kohle könnt Ihr alles kaufen, wa? Und die Blumen und Vögel...?
Naja, mal halblang! Ganz so ist es ja nun auch nicht. Vielmehr werden durch die Rekultivierung...
!
...stillgelegter landwirtschaftlicher Nutzflächen in Form von Golfplätzen neue ökologische Nischen geschaffen, die z.B. bevorzugt als Nistplätze von bedrohten Vogelarten angenommen werden.
He Tom! is das nicht der Komiker von vorhin!?! Der spinnt wohl?
Äh, hören Sie mir überhaupt zu?
Wie, was?
Mensch, quatsch doch kein romanisches Café!
Ist doch wahr, ey: Alle Golfer sind doch nur miese, rücksichtslose Idioten!

?
Das gibts doch nicht! So was aber auch...
Stimmt was nicht, Klaus?
Ich glaub wir haben hinten einen Platten!
KNEIF
Ach das ist jetzt aber ärgerlich! Was machen wir denn da...?
Super! Jetzt komm ich Euretwegen noch zu spät! Fette Bonzenkarre, aber kein Plan!
Tja, vielleicht könnten Sie uns da helfen und mal nachsehen, weil, also ich hab da gar keine Ahnung von... Kennen Sie sich da aus?
Logan. Hab früher nur kaputte Autos gehabt!
Typisch! Dicke Kohle, aber sobalds brenzlig wird, braucht ihr uns!
Für den Extra-Service kannste übrigens direkt 'nen Fuffi lockermachen, Alter!
KLACK
BRRO
-Golfer!
Wiedersehn! Viel Spaß noch, Du Flohsack
BRO

Ihr miesen Säcke! Ich mach Euch fertig!
Seid bloß froh, daß meiner Klampfe nix passiert ist!
Hey, praktisch! Kommt gleich der Nächste! Na also!
Das sind bestimmt nich solche Golf-Sch..., sch..sch, Scheiiiße...
Hallo Flohsack!
Hattest wohl schon Sehnsucht nach uns? Na das ist aber mal ‘ne echte Wiedersehens-Freude!
Äh, hallöchen, Freunde, also ich, äh..
Wie kann man nur so humorlos sein...?
Jetzt kommt auch noch ein Gewitter, na das paßt ja!
Sieht ja richtig düster aus hier! Hoffentlich sind wir bald da!
Man sieht ja auch gar nichts mehr!
Ist ja wie in so nem Horrorfilm! Ha, da ist ja auch der Friedhof!
Hör bloß auf, Klaus!

BLITZ
Voilà! Schloß Rabenhorst!
HOTEL
Sieht irgendwie angsteinflößend aus, Klaus! Als ob hier gar keiner wohnt.
HOTEL
Hoffentlich ist Errol schon da!
Du bist ja 'n richtiger Angsthase! Ist doch urig!
TOC TOC TOC
Mensch, ich zitter ja richtig! Also gib zu, Dir ist auch mulmig.
Quatsch! Fehlt jetzt nur noch der bucklige Butler, hahaha!
KNARR
Guten Abend, meine Herren. Sie werden bereits erwartet.
Aaah..aab ich mich verjagt! Äh, guten Tag... ja...
Nach Dir, lieber Freund!

Hallo Freunde! Die anderen sind schon alle da. Kommt rein!
Ooh Erroll! Hallo! Schön Dich zu sehen!
Tja, wir waren noch nie hier und haben den Weg nicht sofort gefunden.
Aber jetzt sind wir ja Gott sei Dank da! Ist ja schon recht „urig“ hier! Kann man ja fast Angst kriegen.
Und der Butler da, der sieht ja auch aus wie Frankensteins Gesellenstück!
Haha, verstehe. Einfach mir nach!
Also gute Nacht, wir sehen uns alle beim Frühstück!
Ja, gute Nacht! Bis dann!
Wunderschönen guten Morgen! Herrlicher Tag heute zum Golfen!
Morgen!
Hallo Reinhard!
2
PLING

Das läuft ja richtig gut bei Dir! Und ich hatte Angst, daß Dir noch die Begegnung mit dem gruseligen Butler in den Knochen steckt...
Also Klaus, bitte! Sei nicht albern! Aus so was mach ich mir doch nun wirklich nichts. Läßt mich doch völlig kalt...
Hä?
Aaaaahhh!!!
HAAA
Was fürn Albtraum!
... ist das mehr als ein normaler Vergleichskampf!
Erroll! Psst, wach auf! Ich hab unten Stimmen gehört... Schau doch mal bitte...

Ich muß wissen, woran ich bin
Dreher, **Sie** haben uns da reingeritten
Wir könnten doch...
Wir? Oh nein, **Sie** mein Lieber, werden dafür sorgen, daß es morgen keine unangenehme Überraschung gibt!
Jawohl , mein Präsident
Ich könnte mir vorstellen, daß mir da vielleicht etwas einfallen könnte.
Oh Wunder – und Ich könnte mir vorstellen, daß ich Ihnen mal gewaltig in den Hintern trete.
Wenn die Anderen gewinnen, verlieren wir unsere gesamten Wetteinsätze! Ich mag gar nicht dran denken!
Und das ist nicht nur mein Geld, wenn ich Sie daran erinnern darf. Ich bin sicher, Ihnen wird bis morgen was einfallen!
Danke mein Präsident.
Immer ich – wie soll mir bis morgen noch was einfallen ...?
Nanu Moment, was ist denn da hinten los?

?
ROCK & PEACE FESTIVAL
Hallo Freunde- na wie geht's denn so...? Hättet Ihr nicht Lust, Euch ein paar Märker zu verdienen?
?
Paßt auf, Ihr müßt mir nur `nen kleinen Gefallen tun...
Ey, normalerweise bin Ich ja nicht käuflich, aber ok, weil Du's bist.
Kikirikkiiee
Guten Morgen Elke, ein Super-Wetter haben wir da erwischt.
Wer hätte das gedacht, nach dem Gewitter gestern abend
Guten Morgen verehrte Herrschaften. Als Präsident des Golfclubs Rabenhorst darf ich sie ganz herzlich willkommen heißen
Die Stimme habe ich heute Nacht doch schon gehört – was war da eigentlich los?
Psst, nicht jetzt – Ich erkläre es Euch später

Auf der Driving Range
Guten Morgen Herr Errol, Ich würde Ihnen gerne die Flights bekanntgeben, wenn Sie kurz Zeit hätten.
Die Damen werden in einem Flight sein, die Jugend ebenso, und Sie und Herr Dr. Helgert werden bei uns mit im Flight spielen.
Das war sehr schlau von Ihnen, mein Präsident, Errol in Ihren Flight zu packen, so haben wir ihn immer unter Kontrolle.
Ich habe auch schon die notwendigen Vorbereitungen getroffen, mein Präsident.
Also mir gefällt die Tuschelei überhaupt nicht
Mir auch nicht.
Heute Nacht habe ich ein paar seltsame Dinge mitbekommmen, die mich mißtrauisch gemacht haben.
Ich habe den Eindruck, es geht hier um mehr als den sportlichen Erfolg. Wir sollten die Augen offenhalten!
1. TEE
Und in der Tat...
Hallo mein Freund!
Weil dein Präsidente doch so gerne wettet, sollte er heute mal gewinnen. Wär doch schade um das Geld und den schönen Golfplatz... Und Buckel – versuch ja keine Tricks!

Oh, machen Sie sich keine Sorgen, der Sieg ist uns so gut wie sicher, und Sie bekommen Ihr Geld – **garantiert!**
Si si, garantiert. Ich habe mir noch nie Sorgen gemacht. Sorgen sind wie Ungeziefer...
KNIRSCH
Also, arevedeci und viel Glück, Ihr werdet's brauchen.
Das, was ich jetzt brauche ist vor allem ein langer, langer Urlaub.
So, gleich geht's los. Nervös?
Also um ehrlich zu sein, ich habe ja immer so ein bischen Angst vorm ersten Abschlag.
1. TEE
Wenn alle zuschauen, und man dann nicht richtig trifft... Das wär' mir irgendwie peinlich!
Kein Problem
Bei so einem kleinen Tunier ist bestimmt kein Mensch da, vor dem Sie sich blamieren könnten.
Meinen Sie? Da geht's mir schon viel....
1. TEE
Ohhhhh-Nein!
Bitte Herr Dr. Helgert. Seien Sie jetzt nicht kindisch.

* Für jeden Platz gibt es zusätzliche, individuelle Regeln.

WOW, was für ein Schlag!
Klasse!
Donnerwetter, der ist lang!
Mitten aufs Fairway!
ZZZZZZZ
Danke, hab ihn nicht ganz voll getroffen.
Das sieht doch nach einem prima Golftag aus. Wir sollten aber trotzdem aufpassen.
Alles klar
Das MIßtrauen ist berechtigt...
So dann passt mal auf ihr Penner...äh Geheimagenten.
Wir werden *unseren* Golfern Unterstützung leisten.
Hä...
Ich dachte wir sollen den Golfern eins auswischen, weil die doch die Blumen und Pflanzen, zerstör...
Einmaliger Idiot!
Naja schon, nur halt nicht allen Golfern. Also so ist der Plan...

Später auf der Runde...
Nicht schlecht Herr Präsident.
Der war gut, aber leider nicht gut genug Herr Errol. Das Loch geht an Sie.
So Ronni, ich glaube unsere beiden Mitspieler werden am nächsten Loch ein wenig Pech haben...
Sie sind einfach zu clever Herr Präsident.
So mal sehen, was die Birdiecard für das nächste Loch sagt...
Aber Herr Errol. Bemühen Sie sich nicht. Hier ist doch alles schön deutlich auf dem Schild zu sehen...
... ein langes Par 5, und hier Vorsicht: auf der linken Seite viel Wasser und nicht einzusehen vom Abschlag.
Danke für den Tip, dann werden wir uns ein wenig rechts halten.

* Verliert man einen Ball im Wasser, so bekommt man einen Strafschlag und muß einen Ball droppen.

GOLFREGELN
Und falls es Probleme geben sollte, habe ich immer die neuste Auflage der Golfregeln dabei.
Hey Super, echt Klasse!
Der Mann denkt mit.
Der Spieler mit dem niedrigsten Handicap hat die Ehre – Moi!
Ich spiele einen weißen Pumucle ultra 5-xcl., mit roter Schrift.
Und welche Kompression...?
Hm, der ging ja wohl daneben.
Kannst ja 'n Provisorischen spielen.
Quatsch, den find ich!
Einige Zeit später...
Ich will ja nicht drängeln, aber die 5 Minuten sind vorbei!
Und wir spielen hier doch streng nach den Rabenhorster Golfregeln.

Hallo, Psssst,
Wir legen denn Ball vorne auf den Fairway.
Alles klar.
Der Ball ist warscheinlich durchgegangen, und liegt vorne vorm Grün.
Der Ball ?!
Naja, dann können wir jedenfalls schon mal schlagen.
Gleichzeitig...
Leg den Ball da vorne mitten auf den Fairway.
Is hier gut?
Noch ein Stück weiter vor.
Okay, Stop – das reicht!
Bisschen weit rechts...
Foooore!
Foooor!

Also doch noch`n Stück weiter vor. Werd Dir mal einig...
FOOORE
KNOCK
PLONG
WOO
Idiot!
Pumucle-5xcl mit roter Schrift. Ist tatsächlich durchgegangen.
Aber leider im Aus.
?
Bei den Damen hat man derweil ganz andere Probleme.
Golf ist ja eigentlich gar kein Sport. Wissen Sie, ich spiele ja nur meinem Mann zuliebe, damit der sich mal ein bisschen bewegt.
Könnte Ihnen auch nicht schaden!

Ein bischen mehr Bewegung eben...
Naja, sie wissen schon was ich meine.
Also ich hab ja meinen Jeff – wie der mich in meinen Stepstunden zum Schwitzen bringt
Apropos, bei der Hitze hier schwitzt man sich ja seine schönen, teuren Klamotten durch.
Eine Schande...
Für Sie muß das doch besonders schlimm sein?
Ach ja?
Na bei Ihrer Figur, mein ich.
Ach danke, es geht schon.
Und dann müssen Sie auch noch diesen schrecklich schweren Wagen hinter sich her ziehen...
Macht doch heute kein Mensch mehr.
Kommen sie mir jetzt nicht mit sportlich. Papperlapapp, alles Blödsinn. Schau'n Sie doch mich an...
Sehen sie diesen kleinen Sender? Der gibt ein Signal, und mein Elektrocaddy folgt mir auf Schritt und Tritt.

Ist doch klasse, oder?
Brum
Wirklich beneidenswert...
Na wenigstens einer, der Dir noch hinterherläuft...
Gar nicht schlecht, meine Liebe, aber Sie könnten noch besser schwingen
Aha...?
Na weil sie zu dick sind. Da kann man sich natürlich nicht so gut bewegen.
!
Außerdem ist das auch ungesund
Wenn sie meine Figur hätten ginge das viel eleganter. Passen sie mal auf, ich zeigs ihnen!
Plopp

Genau in diesen scheußlichen Schmoddertümpel – das ist mir ja noch nie passiert.
Och, das tut mir jetzt aber echt leid, meine „Liebe“.
Sie können ja einen Ball droppen. Das wäre in ihrem Fall wohl das beste.
Papperlapapp – den spiel ich da ganz elegant raus!
Igittigitt – das stinkt ja fürchterlich.
1
2
1
BOIIIIIIIG
FLATSCH

Und ich dachte, heut wären keine Einzelflights erlaubt...
Gentlemen, darf ich Sie jetzt auf einen Drink einladen?
DRINKS
Uaa, hab ich einen Durst! Bei solchen Temperaturen hilft nur eins: Ein schönes Weißbier!
Ich hol uns was...
Bitte meine Herren, bleiben Sie doch sitzen! Ich geh schon.
Sparen Sie ihre Kraft für die letzten Löcher, hehe! ***Was darf ich Ihnen bringen?***
Eine Cola und ein Weißbier bitte.
Ist schon unterwegs, hehe!
Für mich auch 'ne Coke.
Wolln wir doch mal sehen, wie es bisher aussieht...
Na los, zwei Cola, ein Weißbier und für mich ein Wasser!
Gib schon her, aber 'nen bischen flott! Ich muß noch etwas den Geschmack verfeinern, hehe.

Schöne Bewußtseins-erweiterung, Herr Errol, hehe!
So meine Herren, hier sind die Muntermacher! Sozusagen frisch gezapft, hehe!
Mmm, das tut jetzt gut!
Herr Errol, hier ihre Cola – Sie sehen am durstigsten aus. Wohl bekomms!
Das es so knapp wird, hätte ich nicht gedacht. Aber Ihr Mitspieler spielt ja ein exzellentes Golf, Herr Präsident.
Oder, Errol, meinen Sie nicht auch?
Äh, wie bitte?
Ach so, genau – Sie haben wirklich das Talent zum Tour-Pro. Und vor allem haben Sie das Wichtigste...
Sie haben den Golferblick!
Ehrlich?!

Meinen Sie auch, Herr Präsident?
Hä?
Na ich als Professional auf der PGA-Tour?
Mach Du erst mal ‘n richtigen Trainerschein.
Nein wirklich, Sie haben das Zeug zum Pro! Und darauf trinken wir jetzt!
Zum Wohl meine Herren!
Prost
Und auf ein faires Spiel, Prost!
-rülps-
Ähm, Herr Errol, haben Sie das eben wirklich ernst gemeint?
Was denn?
Na ich als Pro...?
Na klar!
Pro-fessional!
Pro-let!

Schließlich das 18. Loch
Wir liegen alle gleich auf – jetzt wird's ja richtig spannend.
Es ist wohl sicherer, den Ball vor das Wasser zu legen, und nicht direkt das Loch anzugreifen.
Ich hoffe, das hast Du verstanden! Spiel bloß vorsichtig, mein Junge!
Psst, na los Du „Pro" – den hauste direkt aufs Grün.
Äh, ja klar... n..no Problem!
!
„Da ist er – der Star, auf den wir alle gewartet haben."
„Erst ein Jahr auf der Tour und schon hat er die Möglichkeit mit einem Schlag das Masters für sich zu entscheiden"
„Ronnie „Tiger" Bratzke: Dieser Mann kann heute Golfgeschichte schreiben..."
„Das Publikum und die Millionen an den Bildschirmen daheim verfolgen gespannt, was er jetzt tun wird. Bratzke wirkt ganz relaxt... Aber jetzt, der alles entscheidende Schlag... Was wird er tun...?"
quiet
„Und er attackiert"

„Und es sieht gut aus!“
platsch
Hä?
Du elender Volltrottel!
Deinetwegen haben wir jetzt alles verloren. Warte, wenn ich Dich kriege!
Hilfe!
Das war knapp, aber da haben wir am Ende ja noch Glück gehabt.
Glück gehört auch dazu!
Club Haus
Und so erreichen schließlich alle den Ort, der für viele Golfer den Höhepunkt der Runde darstellt: Das Clubhaus. Den meisten geht es darum, den mehr oder weniger verdienten Durst zu stillen,...
seine Ergebnisse zu feiern...
...oder einfach zu vergessen.

... und in ganz seltenen Fällen sind wahre Heldentaten zu bewundern.
4 unterspielt 84er Runde
SCORE
So meine Herren, dann mal die Karten auf den Tisch! Laßt uns die Einzelergebnisse durchzählen.
SCORECARD
Hey Dad, mach Dir nichts draus, ich hab auch nix getroffen!
Guck mal, der Kleine hat das „Talent“ vom Vater geerbt, haha!
Na, auf dem Rübenacker ist das ja wohl kein Wunder!
Ach so...
Der Platz war Schuld?

Ich möchte zu gerne mal wissen, was Euer Greenkeeper hauptberuflich macht!
Ach, frag ihn doch am besten selbst. Er steht direkt hinter Dir!
Herr Pavel, unsere Herren Gäste sind scheinbar mit dem Zustand des Platzes nicht ganz d'accord...
Wer hat sich hier beschwert?
Aber Herr Pavel, der Junge meinte das gar nicht so.
Aha? Und wie meint er es dann?
Ich meine, die anderen bescheißen doch, wo's geht!
Hä?
Wir sollen also bescheißen?
Jawohl, und das nicht mal besonders gut!
Puh, Lernt Ihr erst mal die Regeln!
Schaut mal was ich hier für Euch habe...
die neuste Auflage der Golf-Regeln. Schenk ich Euch!

Man muß die Regeln aber nicht nur kennen, sondern sich auch dran halten!
Viel Spaß beim Lesen!
Da, behalt Deine -Regeln!
!
REGELN
Guter Wurf, hehe!
GOLFREGELN
NEUESTE AUFLAGE
Guter Wurf...?
GOLFREGELN
Dir werd ich beibringen, was ein guter Wurf ist!
Aber ich hab doch gar nicht...
Freunde, vielleicht verschwinden wir jetzt besser...
Guck mal, was da für Typen kommen – die haben aber komische Golfbags!

Ach, äh, Benny, das sind bestimmt nur die Musiker.
Aber so genau will ich das auch gar nicht wissen...!
Wohlbehalten im Heimatclub angekommen...
Ach Errol, was würden wir nur ohne Golf machen...
Von solchen Erlebnissen zehrt man doch noch jahrelang. Manchmal denke ich, daß der Sport viel zu ernst genommen wird...
Stimmt genau – Früher hab ich auch mal gedacht, es geht beim Golfen um Leben und Tod. Aber heute weiß ich....
... es geht um viel mehr.
Golf ist das Wichtigste im Leben!
C. Eckert

1. Auflage Juni 2001

Druck und buchbinderische Verarbeitung:
Druckerei Aumaier, München
ISBN 3-00-007078-8
Printed in Germany
www.eckert-design.de/errol

Mi. Bach
Max